Culture économique I numéro **1**

ADAM SMITH
PHILOSOPHE ET ÉCONOMISTE

—— Comment
la *Richesse des nations*
a révolutionné l'économie ?

par Christophe Speth

50MINUTES

Avec la collaboration de Brigitte Feys

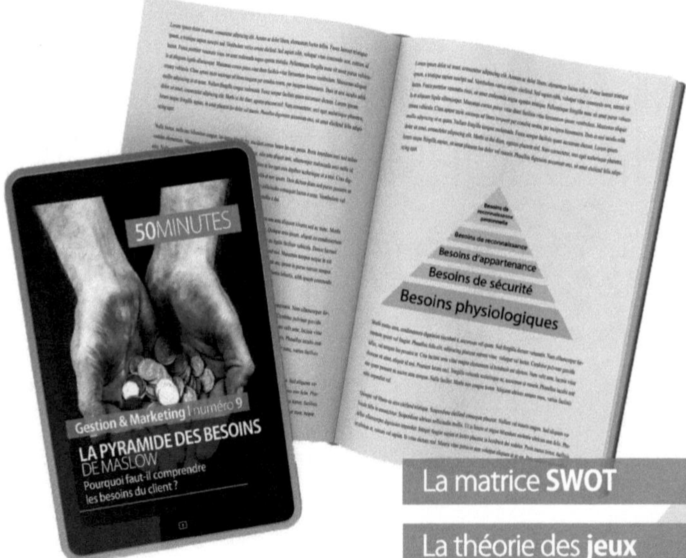
50MINUTES

DEVENEZ UN PRO
EN BUSINESS !

50MINUTES
Gestion & Marketing | numéro 9
LA PYRAMIDE DES BESOINS
DE MASLOW
Pourquoi faut-il comprendre
les besoins du client ?

Besoins de
reconnaissance
personnelle
Besoins de reconnaissance
Besoins d'appartenance
Besoins de sécurité
Besoins physiologiques

La matrice SWOT

La théorie des jeux

Adam Smith

La règle des 80/20

Le freemium

www.50minutes.com

ADAM SMITH

- **Nom ?** Adam Smith
- **Naissance ?** En 1723 à Kirkcaldy (Écosse)
- **Mort ?** En 1790 à Édimbourg
- **Contexte et courant ?** Contemporain de l'avènement de la révolution industrielle au Royaume-Uni et de la révolution américaine aux multiples bouleversements socio-économiques, Adam Smith est généralement considéré comme le maître à penser de l'économie classique dont les principes reposent sur le libéralisme.
- **Ouvrages principaux ?**
  - SMITH (Adam), *Théorie des sentiments moraux* (*The Theory of Moral Sentiments*), 1759.
  - SMITH (Adam), *Recherches sur la nature et les causes de la richesse des nations* (*An Inquiry into the Nature and Causes of the Wealth of Nations*), 1776.
  - SMITH (Adam), *Lectures on Jurisprudence*, Glasgow Edition, 1976.
  - SMITH (Adam), *Works and Correspondence of Adam Smith*, Glasgow Edition, 1976.
- **Notions-clés ?**
  - <u>Avantage absolu</u> : Smith défend l'idée selon laquelle chaque pays doit se spécialiser dans la production de biens pour lesquels sa productivité est supérieure à celle de ses partenaires commerciaux
  - <u>Division du travail</u> : pour Adam Smith, la spécialisation de chacun dans une tâche bien précise permet d'obtenir des gains de productivité considérables
  - <u>Main invisible</u> : selon Adam Smith, l'économie de marché permet aux individus de réconcilier leur intérêt individuel avec l'intérêt général. En effet, elle soutient l'existence d'un processus économique autorégulé qui permet à chaque acteur de la société de subvenir à ses propres besoins, tout en servant le bien commun.

Adam Smith est souvent – mais pas unanimement – considéré comme le père de la science économique moderne. Il a pourtant été influencé par de nombreux philosophes, au premier rang desquels on retrouve les physiocrates, qui prônent une économie naturelle et libre, sans intervention de l'État. Par ailleurs, la révolution industrielle a eu un impact décisif sur l'écriture des *Recherches sur la nature et les causes de la richesse des nations*. Dans cet ouvrage en effet, Adam Smith s'intéresse par exemple de façon détaillée à la production d'épingles au sein d'une manufacture.

Véritable chef de file, Adam Smith influence de façon durable les réflexions de la majorité des économistes qui lui ont succédé, et en particulier des classiques auxquels il est souvent assimilé.

LE SAVIEZ-VOUS ?

Les économistes sont en général divisés en différentes catégories, en fonction de leur école de pensée. D'un point de vue conceptuel, les classiques partagent la conviction que la valeur d'échange d'un bien reflète le coût du travail nécessaire à sa production. Ils sont en cela bien différents à la fois de leurs prédécesseurs (les physiocrates, qui pensent que la valeur est dérivée uniquement de l'exploitation des ressources naturelles) et de leurs héritiers (les néoclassiques, qui pensent que la valeur reflète l'utilité que les individus retirent de la consommation d'un bien). Le courant classique émerge au moment de l'avènement de la révolution industrielle. Mais depuis la fin du XIXe siècle, ce sont les économistes néoclassiques qui occupent le devant de la scène. Ceux-ci ont une approche méthodologique très différente, et utilisent les mathématiques de façon intensive alors que les classiques se contentaient du raisonnement logique. Ceci a eu pour conséquence de rendre la théorie économique compréhensible seulement auprès d'une audience très restreinte.

David Ricardo (économiste anglais, 1772-1823) s'inspire ainsi de Smith pour élaborer sa théorie de l'avantage comparatif (principe selon lequel chaque pays a intérêt à se spécialiser dans la production du bien pour lequel son coût d'opportunité est le plus faible), qu'il utilisera en tant que député britannique pour s'opposer au protectionnisme ambiant. Même Karl Marx (1818-1883) – connu pour son idéologie anti-libérale – est influencé par Adam Smith. Il partage en effet avec ce dernier l'idée que c'est le travail qui est à la source de la valeur.

SA VIE

Adam Smith grandit dans le calme de la campagne écossaise jusqu'à l'âge de 14 ans. Il découvre la vie citadine lors de son séjour à l'université de Glasgow, de 1737 à 1740, puis conformément aux désirs de sa famille, il se destine à une carrière ecclésiastique, en intégrant l'université d'Oxford en 1740. Il décide toutefois de changer de vocation, et revient vivre chez sa mère à l'âge de 23 ans, ce qui le met dans une situation assez délicate, sans grande perspective sinon son rêve d'obtenir un poste académique à l'université de Glasgow.

Une heureuse rencontre le convainc alors de s'installer à Édimbourg pour y donner des cours publics. Leur succès participe certainement à la concrétisation de son rêve – qui semblait pourtant avorté – d'enseigner à l'université de Glasgow, où il occupe la chaire de logique puis celle de philosophie morale. C'est précisément à ce moment-là qu'il rédige et publie la *Théorie des sentiments moraux* (1759), qui présente une réflexion philosophique.

En 1764, après une carrière académique longue de 13 ans, il devient le précepteur d'un jeune duc anglais, Henry Scott (duc de Buccleuch, 1746-1813). Il en profitera pour faire un voyage de plus de deux ans à travers l'Europe. De retour outre-Manche, il s'attelle à la rédaction de son autre grand ouvrage, considéré d'ailleurs comme le texte fondateur de l'économie politique dite « moderne » au XVIIIe siècle, les *Recherches sur la nature et les causes de la richesse des nations* (1776). Il passera la dernière partie de sa vie en tant que commissaire des douanes à Édimbourg, comme le fut son père.

ENFANCE (1723-1737)

Adam Smith naît en 1723 à Kirkcaldy, un village écossais situé au nord d'Édimbourg. Il porte le même prénom que son père, qui décède peu avant sa naissance. Élevé par sa mère, il portera à cette dernière une grande affection tout au long de sa vie. La première anecdote marquante de l'enfance du jeune Adam est son enlèvement par des gens du voyage, alors qu'il n'a que deux ou trois ans. Heureusement, l'épisode connaît une issue heureuse lorsque les kidnappeurs sont arrêtés dans leur fuite.

Plus tard, Adam Smith est scolarisé à l'école de Kirkcaldy, où il adopte rapidement un certain nombre de comportements pour le moins étranges : il parle tout seul et il profite des récréations pour étudier tandis que ses camarades jouent. De nature particulièrement distraite, il ne manque pourtant pas d'impressionner ses condisciples par son excellente mémoire et par un sens de l'observation très développé.

ÉTUDIANT À GLASGOW (1737-1740) ET À OXFORD (1740-1746)

En 1737, alors qu'il n'a que 14 ans, Smith quitte l'école du village pour rejoindre l'université de Glasgow, considérée comme étant relativement libérale et indépendante du clergé pour l'époque. Adam apprécie à sa juste valeur cet environnement académique, et restera toute sa vie marqué par le professeur et philosophe Francis Hutcheson (1694-1746), l'un des fondateurs du mouvement des Lumières en Écosse. Cet état de grâce intellectuel ne dure cependant que trois ans.

Conformément aux souhaits de sa famille et suite à l'obtention d'une bourse en 1740, il décide de se vouer à l'Église et rejoint l'université d'Oxford. Cette dernière est néanmoins marquée par la présence d'un fort conservatisme. Contrairement à ce que l'on pourrait penser, Smith s'accommode relativement bien à cet environnement, et en profite pour s'instruire sur tout sauf ce qu'on lui demande. Alors qu'il est censé passer son temps à étudier la théologie, le jeune étudiant met plutôt un point d'honneur à approfondir ses connaissances en littérature, en physique et en mathématiques. Il s'attache également à perfectionner son grec. Ses professeurs, qui n'apprécient que modérément ce désintérêt pour la théologie, le lui font comprendre suite à un célèbre épisode. Un jour, alors que Smith est surpris en train de lire le *Traité de la nature humaine* (1739-1740), un ouvrage en trois volumes de David Hume (philosophe écossais, 1711-1776) considéré comme hérétique, il voit son livre confisqué, et bien qu'échappant à l'exclusion, est puni de manière exemplaire. Peu de temps après, il quitte Oxford, lassé du manque de liberté dont il pâtit.

RETOUR À KIRKCALDY ET ASCENSION INTELLECTUELLE (1746-1764)

De retour dans son village natal de Kirkcaldy en 1746, il connaît dans un premier temps une situation difficile, marquée par la précarité propre aux écrivains de son temps. En 1748, soit deux ans après son retour en Écosse, Smith rencontre Lord Kames (de son vrai nom Henry Home, juge et philosophe, 1696-1782). Ce dernier lui propose de s'installer à Édimbourg pour y donner des cours publics. Adam Smith accepte la proposition de ce juge réputé, ce qui, au vu du succès des cours en question qui attirent une audience toujours plus large, accélère son ascension dans le monde intellectuel. C'est à ce moment qu'il rencontre celui qui deviendra son meilleur ami, David Hume. En 1751, il rejoint l'université de Glasgow et occupe successivement les chaires de logique et de philosophie morale ; plus tard, en 1787, il sera nommé recteur de l'établissement. Il publie la *Théorie des sentiments moraux* en 1759, ouvrage qui rencontre un succès massif non seulement en Écosse, mais également en Angleterre.

La réputation d'Adam Smith n'est plus à faire, et rapidement on lui propose de s'occuper de l'éducation d'un jeune duc. Il refuse et décide de s'adonner à l'étude du droit et de l'économie, alors qu'il s'était jusque-là cantonné à l'étude de la morale. En 1763, la proposition est réitérée, et cette fois-ci, Smith accepte de prendre en charge l'éducation du jeune homme.

LE VOYAGE EN FRANCE (1764-1766)

Comme il est alors de coutume, un grand voyage est entrepris pour que l'éducation d'Henry Scott, duc de Buccleuch, soit la meilleure possible : Smith et son élève partent en France au printemps de l'année 1764. Suite à un bref passage à Paris, tous deux rejoignent Toulouse, où Adam Smith s'attelle à de nombreuses recherches et où il entame, selon les dires de certains, la rédaction des *Recherches*. Après une quinzaine de mois passés dans la ville rose, le duc et Smith s'installent à Genève pour deux mois. Ils repassent ensuite à Paris pour clore leur périple continental. Smith y fait notamment la connaissance du physiocrate François Quesnay (1694-1774), dont il s'inspire fortement pour écrire ses *Recherches*. L'élève et le maître retournent enfin à Londres à l'automne 1766, après un voyage d'une trentaine de mois.

RÉDACTION DES *RECHERCHES* (1766-1776) ET CARRIÈRE AUX DOUANES (1778-1790)

De retour à Kirkcaldy, Adam Smith se consacre entièrement à l'écriture des *Recherches sur la nature et les causes de la richesse des nations*. D'aucuns pensent qu'il voulait publier quelque chose de plus vaste encore, incluant notamment une étude critique de l'histoire du droit. Une correspondance au sein de laquelle l'économiste demande des documents au Lord Hailes (de son vrai nom David Darymple, jurisconsulte écossais, 1726-1792) semble en accord avec cette thèse. Smith décide toutefois à un certain moment de se focaliser sur l'étude des mécanismes économiques. Pour se concentrer pleinement à ce nouveau projet d'écriture, il choisit de s'isoler : à l'exception d'un passage à Édimbourg et Londres en 1773, il restera dans son village natal sans interruption jusqu'à la publication de son ouvrage. Son ami David Hume lui reproche d'ailleurs à de nombreuses reprises cette quarantaine voulue, et lui propose de le rejoindre lorsqu'il est de passage à proximité de Kirkcaldy. Smith refuse et son isolation semble porter ses fruits : les *Recherches sur la nature et les causes de la richesse des nations* sont accueillies chaudement lors de leur publication en 1776. Fort de son prestige grandissant, Adam Smith s'établit à Londres pour deux ans.

En 1778, il devient commissaire des douanes à Édimbourg, fonction qu'il occupera jusqu'à sa mort, en 1790.

SES CONTEMPORAINS – LES GRANDS PENSEURS DES LUMIÈRES

En France, le siècle des Lumières – XVIIIe siècle – est porteur d'un souffle nouveau avec des penseurs tels que :

- les écrivains éclairés Voltaire (1694-1778) et Montesquieu (1689-1755) ;
- François Quesnay (1694-1774), encyclopédiste et chef de file de l'école des physiocrates ;
- Jean-Baptiste Say (1767-1832), économiste classique aux positions libérales qui lègue notamment à la postérité son *Traité d'économie politique* (1803) et la loi des débouchés, dite « la loi de Say » ;
- Jacques Necker (1732-1804), ministre de Louis XVI, qui publie des essais de politique économique à succès ;
- Anne Robert Jacques Turgot (1727-1781), contrôleur général des finances sous Louis XVI, qui soutient la thèse de la main invisible de Smith.

En Allemagne, Karl Marx (1818-1883) se dresse contre le capitalisme émergent et émet sa propre critique politique et économique de la société.

En Grande-Bretagne, l'on retrouve notamment les grands penseurs des Lumières écossais David Hume (1711-1776) et Thomas Reid (1710-1776), puis des économistes tels que David Ricardo (1772-1823) ou John Stuart Mill (1806-1873), disciple de Hume et fondateur de la morale « utilitariste ».

L'économie dans l'histoire

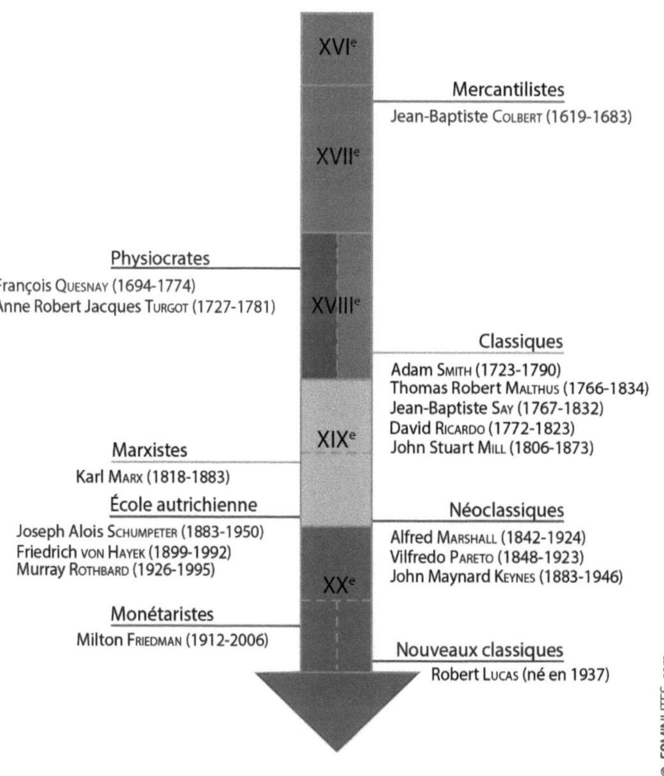

SES ŒUVRES

Adam Smith est un philosophe avant d'être un économiste. Comme la plupart des intellectuels de son temps, il considère la science économique comme étant une branche particulière de la philosophie, au même titre que la morale, la politique et le droit. Smith est donc l'archétype de l'honnête homme qui s'intéresse à toutes les disciplines. C'est pour cette raison que nous entamons notre analyse par la *Théorie des sentiments moraux*, un ouvrage qui n'a pourtant rien d'économique, mais qui, comme nous le verrons, permet de mieux apprécier son ultime chef-d'œuvre, les *Recherches*.

THÉORIE DES SENTIMENTS MORAUX (1759)

Dans cet ouvrage, Adam Smith tente d'expliquer un paradoxe : si l'homme n'a rien de bon, il est pourtant capable de porter des jugements moraux, voire de se juger lui-même, car il a la capacité de se placer en observateur et de prendre du recul par rapport à lui-même.

Ainsi, il s'interroge sur la cause de l'ambition et de la vanité des êtres humains. Selon le philosophe écossais, ce n'est pas pour améliorer leur bien-être que d'aucuns cherchent à étendre leur pouvoir et leurs richesses, mais bien pour attirer l'attention des autres. La vraie souffrance du pauvre est donc de ne susciter que l'indifférence alors que le riche jouit d'une attention constante :

> Un étranger à la nature humaine qui observerait l'indifférence des hommes à propos de la misère de ceux qui leur sont inférieurs, ainsi que le regret et l'indignation qu'ils sentent pour les infortunes et les souffrances de ceux qui leur sont supérieurs, serait susceptible

d'imaginer que la douleur doit être plus atroce et les convulsions de la mort plus terribles pour les personnes d'un rang élevé que pour celles d'un état modeste. (*Théorie des sentiments moraux*, partie 1, section 3, chapitre 2, p. 94)

Adam Smith met aussi en lumière la nature des qualités nécessaires pour accéder à un rang social élevé. Alors que le nanti peut se contenter d'exposer son éducation raffinée à la vue de tous, le dépourvu doit faire preuve d'un esprit d'entreprise sans égal.

Selon Smith, ce qui motive réellement l'être humain à vouloir devenir riche c'est :

- le fait qu'il désire posséder toujours plus de richesses afin d'attirer l'attention d'autrui ;
- le fait de pouvoir se procurer un certain nombre d'objets de qualité supérieure dont il pense qu'ils constituent le moyen d'atteindre un niveau de bien-être supérieur – l'intérêt qu'il porte à ceux-ci n'est donc pas lié au bien-être qui en résulte réellement.

Ainsi, Smith explique la possession de « bibelots d'utilité frivole » à l'aide d'une parabole contant l'histoire d'un jeune homme à l'ambition débordante (*Théorie des sentiments moraux*, partie 4, section 1, chapitre 1, p. 253-255) et s'étonne par ailleurs de la quantité d'énergie qui est investie dans la quête de tels objets.

Si Smith critique un tel comportement en tant que moraliste, il pense cependant qu'il concourt à l'harmonie sociale :

[I]l est heureux que la nature nous abuse ainsi de cette manière. C'est cette illusion qui suscite et entretient le mouvement perpétuel de l'industrie du genre humain. (*Théorie des sentiments moraux*, partie 4, section 1, chapitre 1, p. 256)

LES CONCEPTS DE SYMPATHIE
ET DE SPECTATEUR IMPARTIAL

Le concept de sympathie est fondamental dans la *Théorie des sentiments moraux* puisque c'est par lui qu'Adam Smith explique les jugements relatifs à la convenance et au mérite. On peut le définir comme étant la capacité d'un individu à se mettre à la place d'un autre. Il s'agit en quelque sorte de vivre la situation d'autrui par procuration : même si nous ne sommes pas dans sa situation, nous nous imaginons être à sa place et partageons ses sentiments. Chacun de nous désire ainsi le plus grand bonheur au plus grand nombre d'hommes possible.

Après avoir expliqué la nature des jugements portés par l'individu sur autrui, Smith montre comment l'homme est susceptible de former de tels jugements sur lui-même. Comme ceux-ci prennent la forme de l'obligation, ils conduisent généralement à un comportement convenable et méritoire. C'est afin de traduire les modalités de ce processus de sympathie réflexive que l'auteur introduit le concept de spectateur impartial. Ce concept de spectateur implique quant à lui de juger une action non pas du point de vue de celui qui l'effectue ou de celui qui en est affecté, mais bien de celui d'une tierce personne. L'auteur pense que notre esprit établit constamment ses jugements moraux en fonction de ce spectateur impartial, qui prend donc un certain recul.

Malgré sa conviction selon laquelle nous sommes guidés par l'ambition, Smith nuance son propos et déclare penser que se trouve en chacun de nous un spectateur impartial – notre conscience – qui nous empêche de causer du tort aux autres et qui nous pousse même, en certaines circonstances, à être généreux. D'après lui, le vrai mobile de ce comportement altruiste n'est pas le souci du bien-être d'autrui, mais bien la peur de ne pas être en accord avec sa conscience :

> Ce n'est pas l'amour de notre prochain, ce n'est pas l'amour du genre humain, qui nous pousse en de nombreuses occasions à [causer le bien, mais bien] l'amour de ce qui est honorable et noble, l'amour de la grandeur, de la dignité et de la supériorité de notre caractère. (*Théorie des sentiments moraux*, partie 3, section 1, chapitre 3, p. 200)

Smith illustre son raisonnement en imaginant la réaction hypothétique des Européens face à un tremblement de terre en Chine. Selon lui, un tel désastre ne peut causer de tort à notre conscience, car nous n'avons rien à nous reprocher. Tout au plus en discuterions-nous au moment des faits, mais tout serait oublié peu de temps après. Cette attitude décrite avec beaucoup de lucidité dans l'ouvrage (*Théorie des sentiments moraux*, partie 3, section 1, chapitre 3, p. 198-199) reste très actuelle.

RECHERCHES SUR LA NATURE ET LES CAUSES DE LA RICHESSE DES NATIONS (1776)

Cet ouvrage, sans doute le plus célèbre d'Adam Smith, est souvent considéré comme ayant révolutionné la politique économique de l'Angleterre. Les trois thèmes principaux qui y sont traités sont :

- la division du travail, qui permet la répartition des tâches et la spécialisation des travailleurs ;
- la fixation des prix, aussi bien sur le marché des biens et des services que sur le marché du travail ;
- et enfin l'ampleur du rôle de l'État dans la gestion de l'économie d'un pays.

La division du travail

Une des thèses centrales des *Recherches* est que la division du travail est à la source de la création de richesses. Selon Smith, la spécialisation des travailleurs leur permet en effet d'être plus productifs, et ce pour plusieurs raisons :

- tout d'abord, lorsque l'on répète souvent la même tâche, on gagne en rapidité d'exécution (c'est ce qui nous permet d'obtenir un avantage absolu dans la production d'un bien) ;

- ensuite, le fait de n'avoir qu'une seule occupation permet d'économiser le temps de transition nécessaire entre les différentes tâches ;
- enfin, Smith est convaincu que c'est la division du travail qui est à la source de l'invention de nombreuses machines, celles-ci permettant une hausse dans la productivité des travailleurs.

Mais quelles sont donc les limites à la division du travail ? D'après Smith, l'étendue du marché (nombre de consommateurs auxquels on peut potentiellement s'adresser) doit être suffisamment large pour qu'une spécialisation des travailleurs s'instaure. Comme le note l'auteur des *Recherches*, le développement des voies de communication maritimes catalyse la division du travail, car il permet aux industries de s'adresser à davantage de consommateurs (l'emphase est la nôtre) :

> Comme **la facilité des transports par eau ouvre un marché plus étendu** à chaque espèce d'industrie que ne peut le faire le seul transport par terre, c'est aussi sur les côtes de la mer et le long des rivières navigables que l'industrie de tout genre commence à se **subdiviser** et à faire des **progrès**. (*Recherches sur la nature et les causes de la richesse des nations*, livre 1, chapitre 3, p. 53)

La fixation des prix

Outre la division du travail, Smith s'intéresse également à ce qui détermine la fixation des prix. Il est en cela précurseur de ce qu'on appelle couramment la loi de l'offre et de la demande. Il pense que le prix de marché tend toujours vers un niveau qu'il se plaît à qualifier de prix naturel (on pourrait grossièrement définir le prix naturel comme étant le prix le plus bas auquel un commerçant est disposé à produire un bien). L'auteur des *Recherches* démontre son intuition de la manière suivante (livre 1, chapitre 7).

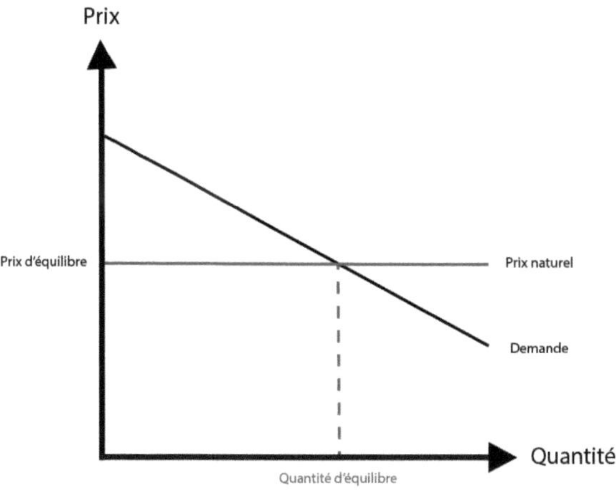

La fixation des prix selon Adam Smith
© 50MINUTES. com

- Si le prix de marché est supérieur au prix naturel (et pourvu que le niveau de concurrence soit suffisant), les producteurs existants ont tout intérêt à produire plus, tandis que de nouveaux producteurs voudront s'installer sur le marché en question pour profiter d'un niveau de profit suffisamment élevé. La quantité produite augmentant, les consommateurs ne sont plus obligés de surenchérir pour pouvoir acheter le bien en question. Il en résulte une diminution du prix de marché. Ce processus s'arrête lorsque le prix de marché atteint son niveau naturel.
- De manière symétrique, si le prix de marché est inférieur au prix naturel, la quantité produite diminue (car les producteurs quittent le marché concerné) jusqu'à ce que le prix de marché retrouve son niveau naturel.

Le rôle de l'État

Smith a une vision claire du rôle de l'État dans la gestion de l'économie d'une nation. D'une manière générale, il pense que le gouvernement doit s'abstenir d'intervenir. L'auteur note cependant quelques exceptions (livre 4, chapitre 9, p. 352-353 et livre 5, chapitre 1, p. 355-385) :

- l'État doit être garant de la sécurité du territoire – ce qui implique une défense nationale et une police d'État – et de la justice ;
- l'État doit s'impliquer dans la construction et l'entretien de grandes infrastructures (routes, canaux, etc.) ;
- enfin, l'État doit s'assurer que chaque citoyen reçoive un niveau d'éducation élémentaire.

LIMITES DE L'APPROCHE ET EXTENSIONS

LIMITES ET CRITIQUES

Division du travail

Si le principe de la division du travail avancé par Smith a dans un premier temps été repris par des théoriciens tels que Frederick Winslow Taylor (1856-1915) qui le pousse à son paroxysme, il connaîtra ensuite un lent déclin. Ainsi, Taylor crée une organisation du travail qu'il n'hésite pas à qualifier de « scientifique ». Celle-ci se base sur plusieurs principes fondamentaux :

- le travail est divisé verticalement entre cadres et ouvriers (les premiers réfléchissent à la façon la plus efficace de produire et les seconds exécutent les ordres des premiers) ;
- le travail est divisé horizontalement (chaque ouvrier est spécialisé dans une tâche bien précise, c'est la naissance du travail à la chaîne) ;
- pour encourager les ouvriers à être le plus rapide possible, Taylor suggère de les rémunérer en fonction de leur rendement.

Cette vision des choses a eu un écho incroyable au sein des pays développés tout au long du XXe siècle. Le fordisme – une extension du taylorisme – a d'ailleurs connu son époque de gloire durant les Trente Glorieuses (1946-1975). Toutefois, les avancées technologiques récentes (automatisation de chaînes de plus en plus complexes) ainsi que l'amélioration du niveau d'éducation au fil des générations concourent à une quasi-disparition du travail à la chaîne. Le travail est peut-être devenu très spécialisé d'un point de vue intellectuel, mais les tâches exercées manuellement tendent quant à elles à se diversifier.

Les apports d'Adam Smith

Selon certains, Adam Smith n'est en rien un auteur original, et la paternité de la science économique ne devrait pas lui être attribuée. Smith subit à ce sujet une critique virulente de la part de Murray Rothbard (1926-1995), qui l'accuse de plagiat, et même pire, de détérioration des idées qu'il a plagiées (*Economic Thought Before Adam Smith*, chapitre 16, p. 435-436). Pour Rothbard, la science économique date en réalité du Moyen Âge. Voilà donc un mythe largement répandu qui semble partiellement remis en cause...

Analyse limitée au contexte de l'époque

Étant un des premiers économistes modernes, Adam Smith ne fait que poser les bases d'une nouvelle science en plein essor. Ainsi, son analyse est limitée au contexte de l'époque qui ne peut imaginer et prévoir les mutations qui surviendront dans notre monde moderne deux siècles plus tard. À titre d'exemple, Smith ne semble pas avoir conscience de l'importance des externalités. Plus tard, les économistes prendront effectivement ce principe fondamental en compte et le déclineront sous deux formes :

- les externalités négatives peuvent se définir comme le comportement d'un individu qui a un impact négatif sur un autre individu. L'exemple classique est la pollution de l'air ;
- les externalités positives peuvent se définir comme le comportement d'un individu qui a un impact positif sur un autre individu. L'exemple classique est l'éducation.

Controverses

Alors que Smith considère que la recherche de l'échange est une caractéristique propre à l'être humain, l'intellectuel hongrois Karl Polanyi (1886-1964) remet en cause cette vision des choses dans son ouvrage *La Grande Transformation. Aux origines politiques et économiques de notre temps* (1944) – un classique remis au goût du jour depuis la crise économique de 2008. Polanyi illustre son argumentation à l'aide d'exemples précis. Dans le chapitre 4 de son ouvrage, il parle de l'organisation de certaines sociétés primitives, qui se basent sur la réciprocité et la redistribution par un chef plutôt que sur l'échange. Ces sociétés étant souvent autarciques, un contrôle social puissant demeure.

Au-delà de cette critique positive intervient une critique normative de Smith, et de manière plus générale des économistes classiques et néoclassiques. Encore de nos jours, il est souvent dit que « la science économique néglige le lien social ». Cette critique semble concevable dans la mesure où le marché entraîne une anonymisation des rapports économiques. D'autres critiques à l'encontre des économistes semblent toutefois beaucoup moins fondées, le meilleur exemple étant leur prise en compte du problème environnemental. Les économistes sont généralement d'accord pour dire qu'il faut taxer les entreprises polluantes ou installer un marché de permis à polluer pour lutter contre les émissions de gaz à effet de serre. Il s'agit donc de partir d'une situation parfaite, où l'on laisse faire le marché, pour ensuite laisser l'État corriger les éventuelles imperfections qui subsisteraient. Un héritage de Smith en quelque sorte, qui pensait déjà que l'État devait intervenir pour les fonctions régaliennes, l'investissement dans les grands ouvrages et l'éducation des plus jeunes.

EXTENSIONS

Les avantages comparatifs de Ricardo

Comme nous l'avons vu dans la section consacrée aux *Recherches*, le concept d'avantage absolu développé par Adam Smith a par la suite été élargi au concept d'avantage comparatif par Ricardo.

QUELLE EST LA DIFFÉRENCE ENTRE L'AVANTAGE ABSOLU ET L'AVANTAGE COMPARATIF ?

Les économistes distinguent souvent les concepts d'avantage absolu et d'avantage comparatif. Le premier a été développé par Adam Smith, qui soumet l'idée que deux pays (ou deux individus) ont intérêt à échanger deux biens si chacun des deux pays a un avantage absolu – c'est-à-dire, peut produire à moindre coût – dans la production d'un des deux biens. Mais cette conception ne prend pas en compte les options d'un pays capable de produire les deux biens à des coûts moindres que ceux de son voisin.

David Ricardo étend cette théorie de l'avantage absolu à de telles situations. Britannique issu d'une famille d'origine portugaise, il prend l'exemple du commerce de vin et de drap entre l'Angleterre et le Portugal : selon lui, chaque pays a intérêt à se spécialiser dans la production du bien pour lequel il a un avantage comparatif, c'est-à-dire le bien pour lequel son avantage absolu est le plus grand (pour le pays capable de produire les deux biens à moindre coût) ou son désavantage absolu est le plus faible (pour le pays n'ayant aucun avantage absolu sur les deux biens). Ainsi, même le pays détenant l'avantage absolu sur les deux biens gagne à échanger : il économise du travail.

Les théories de Smith et de Ricardo, bien que différentes, permettent donc de justifier le commerce international. Les deux économistes classiques – et en particulier Ricardo en tant que député – s'opposent d'ailleurs avec vigueur au protectionnisme.

La théorie de la valeur

En ce qui concerne la théorie de la valeur, les économistes classiques sont aux antipodes des néoclassiques. Pour rappel, Smith, Ricardo et Marx pensent que la valeur d'échange d'un bien s'explique par le travail nécessaire pour le produire.

À l'inverse, les néoclassiques dérivent la valeur d'un bien de son utilité marginale (l'utilité de la consommation d'une unité supplémentaire de ce bien). Ces deux théories semblent d'une certaine manière se compléter. Alfred Marshall (économiste anglais, 1842-1924) pense ainsi qu'à court terme, ce sont les néoclassiques qui ont raison (les prix s'ajustent, mais pas les quantités produites, ce qui revient à dire que la demande réagit plus rapidement que l'offre à un choc) alors qu'à long terme c'est bien le raisonnement des classiques qui semble selon lui le plus pertinent (la quantité produite s'ajuste également).

EN RÉSUMÉ

- Adam Smith, considéré comme le fondateur de l'économie moderne au XVIIIe siècle, est un philosophe avant d'être un économiste, ce qui le pousse à comprendre le monde dans sa globalité : mise en avant de l'importance de la division du travail, prémisses de la loi de l'offre et de la demande, etc.
- Vivant à une époque où l'émulation intellectuelle est permise grâce au mouvement des Lumières, Smith fait notamment la rencontre de Voltaire, de Quesnay et de Hume. Ce dernier deviendra d'ailleurs au fil du temps son meilleur ami.
- Son œuvre, réputée pour sa cohérence, ouvre la voie à de nombreuses pistes de réflexion encore étudiées et commentées à la lumière de notre actualité socio-économique, et notamment de la mondialisation des marchés.
  - Dans la *Théorie des sentiments moraux*, Smith prend sa casquette de moraliste pour décrypter le comportement humain.
  - Dans les *Recherches*, Smith pose de nombreux fondements de la science économique.
- Du point de vue idéologique, Smith est un libéral. Il pense que l'intervention de l'État doit être limitée aux fonctions régaliennes (justice, défense et police). Deux exceptions subsistent : les infrastructures et l'éducation.
- Smith est conscient que le développement des transports maritimes joue un rôle majeur dans la croissance économique, car il permet une division du travail accrue.
- Lui et Ricardo sont opposés à toute forme de protectionnisme. Pour justifier leur point de vue, ils vont successivement développer une théorie de l'avantage absolu et de l'avantage comparatif.

- Smith inspirera de nombreux économistes : Ricardo, Say et Marx sont probablement les plus connus d'entre eux, et font tous partie de l'école classique – même si Karl Marx se situe un peu en marge. Les économistes néoclassiques s'inspirent aussi de lui, mais de façon plus limitée.

- La pensée de Smith rencontre toutefois un certain nombre de critiques. En particulier, sa théorie de l'avantage absolu ne tient pas compte des situations où un pays est plus productif qu'un autre dans l'ensemble des secteurs. En ce qui concerne sa théorie de la valeur, elle sous-estime le rôle de la demande à court terme.

POUR ALLER PLUS LOIN

SOURCES BIBLIOGRAPHIQUES

- « Adam Smith (1723-1790) », in *Alternatives Économiques*, n° 21, novembre 2005, consulté le 4 juillet 2014.
http://www.alternatives-economiques.fr/adam-smith-1723-1790-_fr_art_222_27861.html
- « Adam Smith », in *Andlil*, juin 2013, consulté le 4 juillet 2014.
http://www.andlil.com/adam-smith-128211.html
- « Adam Smith », in *Larousse*, consulté le 4 juillet 2014.
http://www.larousse.fr/encyclopedie/personnage/Adam_Smith/144596
- « David Ricardo », in *Larousse*, consulté le 4 juillet 2014.
http://www.larousse.fr/encyclopedie/personnage/David_Ricardo/140892
- « École classique en économie », in *Larousse*, consulté le 4 juillet 2014.
http://www.larousse.fr/encyclopedie/divers/école_classique_en_économie/187107
- « Les courants de pensée en économie », in *e-Economie*, consulté le 4 juillet 2014.
http://www.e-economie.com/courants.php
- « Les théories de la valeur », in *Introduction à l'analyse économique*, consulté le 4 juillet 2014.
http://www.pise.info/eco/valeur.htm
- « Théorie de l'économie classique », in *Andlil*, juillet 2013, consulté le 4 juillet 2014.
http://www.andlil.com/theorie-de-leconomie-classique-151943.html

- BERAUD (Alain), « La contribution fondatrice. Origine et développement de la pensée économique d'Adam Smith », in *Nouvelle Histoire de la pensée économique*, vol. 1, 1993, p. 309-364.
- DE VROEY (Michel), « Les libéralismes économiques et la crise », in *Revue française d'économie*, vol. 24, n° 2, 2009, p. 3-37.
- DELATOUR (Albert), *Adam Smith, sa vie, ses travaux, ses doctrines*, Paris, Guillaumin, 1886.
- DIATKINE (Daniel), « Présentation de la *Richesse des nations* » in *Adam Smith*, Paris, GF-Flammarion, 1991, consulté le 4 juillet 2014.
  http://theme.univ-paris1.fr/M1/hpe/Diatkine_RDN.pdf
- FOURASTIÉ (Jean), *Les Trente Glorieuses ou la révolution invisible de 1946 à 1975*, Paris, Fayard, 1979.
- GUÉDON (Jean-Mikaël), « Le lien social chez Adam Smith : le marché, la sympathie, l'État », *Ithaque*, 2009, vol. 5, p. 101-128.
- HEILBRONER (Robert), *The Essential Adam Smith*, New York, W. W. Norton & Company, 1987.
- ROTHBARD (Murray), *Economic Thought Before Adam Smith*, Cheltenham, Edward Elgar Publishing, 1995.
- RAE (John), *Life of Adam Smith*, London, Macmillan & Co, 1895.
- SMITH (Adam), *Recherches sur la nature et les causes de la richesse des nations*, Paris, PUF, 1999.
- SMITH (Adam), *Théorie des sentiments moraux*, Paris, Gallimard, 1976.
- TAYLOR (Frederick Winslow), *The Principles of Scientific Management*, New-York & London, Harper & Brothers, 1911.

ORGANISATIONS QUI PÉRENNISENT LES TRAVAUX D'ADAM SMITH

- The Adam Smith Institute, fondé en 1970.
- The International Adam Smith Society, fondé en 1995.

50MINUTES
Art & Littérature
Business & Econom
Histoire & Société
Gestion & Marketing | numéro 9
LA PYRAMIDE DES BESOINS
DE MASLOW
Pourquoi faut-il comprendre
les besoins du client ?
Grandes Batailles | numéro 26
LA GUERRE
DU KIPPOUR
LE CARAVAGE

Éditeur responsable : Lemaitre Publishing
Rue Lemaitre 6 | BE-5000 Namur
info@lemaitre-editions.com

ISBN ebook : 978-2-8062-5858-8
ISBN papier : 978-2-8062-5859-5
Dépôt légal : D/2014/12603/142
Photo de couverture : © Kevin Jarratt

Conception numérique : Primento,
le partenaire numérique des éditeurs